AF356092

CATALOGUE

De la Collection

DE TABLEAUX

ANCIENS ET MODERNES

DESSINS ET AQUARELLES

PAR

Wénix, Vélasquez, Sandrart, Winantz, Carlo Dolci, Pierre Sacchi, Cuyp, Hugtenburg,
Breughel de Velours, Boucher et Lancret;
Meissonnier, J. Dupré, Gudin, Géricault, Bonnington, Bellanger,
Diaz, Saint-Jean, Schotel, Bodman, E. Isabey, C. Roqueplan, A. de Dreux, Charlet,
Alken, Haudebourg-Lescot, Prout, A. Scheffer, Gallais, Clessinger, Vidal,
Robert Fleury, Hoguet, P. Rousseau, Th. Rousseau, Millet,
Troyon, Ed. de Beaumont.

COMPOSANT LE CABINET DE M. A. M***

DONT LA VENTE

aura lieu les mardi 4 et mercredi 5 décembre 1849,
à une heure précise.

HÔTEL DES VENTES, A PARIS

RUE DES JEUNEURS, 42, Salle n° 1ᵉʳ

Par le ministère de Mᵉ ROLIN, commissaire-priseur, passage Saulnier, 12;
assisté de M. Ferdinand LANEUVILLE, expert, rue Caumartin, 44.

EXPOSITION PUBLIQUE

les 2 et 3 décembre, même salle, de midi à 5 heures.

LE CATALOGUE SE DISTRIBUE

A PARIS, chez le Commissaire-priseur et l'Expert chargés de la Vente.
A LONDRES, chez MM. Christie et Manson.
A BRUXELLES, chez M. Nieuwenhuys.
A AMSTERDAM, chez M. de Vries.

Imprimerie de G. GRATIOT, 11, rue de la Monnaie.

CATALOGUE

De la Collection

DE TABLEAUX

ANCIENS ET MODERNES

DESSINS ET AQUARELLES

PAR

Wénix, Vélasquez, Sandrart, Winantz, Carlo Dolci, Pierre Sacchi, Cuyp, Hugtemburg,
Breughel de Velours, Boucher et Lancret;

Meissonnier, J. Dupré, Gudin, Géricault, Bonnington, Bellanger,
Diaz, Saint-Jean, Schotel, Bodman, E. Isabey, C. Roqueplan, A. de Dreux, Charlet,
Alken, Haudebourg-Lescot, Prout, A. Scheffer, Gallais, Clessinger, Vidal,
Robert Fleury, Hoguet, P. Rousseau, Th. Rousseau, Millet,
Troyon, Ed. de Beaumont.

COMPOSANT LE CABINET DE M. A. M*** [*Beaucousin*]

DONT LA VENTE

aura lieu les mardi 4 et mercredi 5 décembre 1849,
à une heure précise,

HÔTEL DES VENTES, A PARIS

RUE DES JEUNEURS, 42, Salle n° 1er

Par le ministère de Me ROLIN, commissaire-priseur, passage Saulnier, 12;
assisté de M. Ferdinand LANEUVILLE, expert, rue Caumartin, 44.

EXPOSITION PUBLIQUE

les 2 et 3 décembre, même salle, de midi à 5 heures.

LE CATALOGUE SE DISTRIBUE

A PARIS, chez le Commissaire-priseur et l'Expert chargés de la Vente.
A LONDRES, chez MM. Christie et Manson.
A BRUXELLES, chez M. Nieuwenhuys.
A AMSTERDAM, chez M. de Vries.

CONDITIONS DE LA VENTE.

La vente se fera au comptant ; les acquéreurs paieront cinq pour cent en sus des enchères, applicables aux frais.

Imprimerie de Gustave GRATIOT, rue de la Monnaie, 11.

CATALOGUE

DE LA COLLECTION

DE TABLEAUX

ANCIENS ET MODERNES.

DÉSIGNATION SOMMAIRE.

TABLEAUX

(École ancienne.)

BAMBOCHE.

1.—Le Pédicure. — 1628.

BRAWERS.

2.—Le Tailleur de plumes.

BREUGHEL (de velours).

3.—Saint Jean prêchant dans le désert.

CANALETTI.

4.—Vue de Venise.

CASANOVA.

5.—L'Homme à cheval.

CUYP (signé).

6.—Marine.
7.—Chevaux et Bestiaux au pâturage.
8.—Poule couveuse.

VAN DICK (attribué à).

9.—Portrait d'homme.

DIETRICH.

10.—Tête de vieillard.

CARLO DOLCI.

11.—Tête de Vierge.
12.—Tête de Christ.

GÉRARD DOW (attribué à).

13.—Peintre dans son atelier,

HUGTEMBURG.

14.—Charge de cavalerie.
15.—Attaque de convoi.

LANCRET.

16.—La Balançoire.

MAAS.

17.—Femme à la Montre.

MIRVELT.

18.—Portrait d'homme.

PALAMÈDES.

19.—Portrait d'homme.
20.—Portrait de femme.

P. POTTER.

21.—Vaches et moutons.

REMBRANDT (attribué à).

22.—Tête de vieillard.

RUBENS (attribué à).

23.—Ève dans le Paradis.

PIETRI SACCHI.

24.—Sainte Famille.

SANDRART.

25.—Jeune fille. — 1640.

TONNEY.

26.—Marine avec Personnages.

TERBURG.

27.—Portrait d'homme.
28.—Portrait d'homme.

THÉAULON.

29.—Tête d'homme.

VAN THULDEN.

30.—Adoration des Mages.

VALIN.

31.—Tête de jeune fille.

VELASQUEZ.

32.—Portrait d'alguazil.

WATTEAU.

33.—Paysage et figure.
34.—Paysage et figure.

WENIX (Jean).

35.—Nature morte.

INCONNUS.

36.—Le Marchand de homards.
37.—Tête de bélier.

38.—Intérieur de forêt, Soldats cuirassés.

39.—Portrait de femme.

40.—Portrait d'homme.

41.—Portrait de femme. (École française).

42.—Portrait d'homme. (École flamande).

43.—Portrait de femme. (École française).

44.—Deux tableaux nature morte et vivante. (École Espagnole).

45.—Portrait. (École Flamande).

TABLEAUX

(Ecole moderne.)

APPERT.

46.—Bacchante.

BEAUMONT (Édouard de).

47.—Les Petits braconniers.

BÉRANGER (Émile).

48.—Le Déjeûner.

49.—La Couturière.

BODMAN.

50.—Effet de neige.

BONNINGTON.

51.—François Ier, et la duchesse d'Étampes.

DECAMPS.

52.—La Pêche du Thon.
53.—Le Brouillard.

DE DREUX (Alfred).

54.—Cheval et Groom.
55.—Sir Bobb.
56.—Cheval et Groom.

DESGOFFE.

57.—Paysage des environs de Rome.

DIAZ.

58.—Pavillon turc, Femmes couchées.
59.—La femme rose.
60.—La Vierge et l'enfant Jésus.
61.—Les Chiens.
62.—Étude de terrain.
63.—Étude de tronc d'arbre.
64.—Paysage avec vaches.
65.—Guirlande de fleurs.
66.—Bouquet de fleurs.
67.—Paysage.

68.—La Descente des Bohémiens.
69.—La Baigneuse.
70.—La Rêverie.
71.—Le Coucher.
72.—La Chaste Suzanne.
73.—La Liberté.

DIAZ et ACHILLE GIROUX.

74.—Don Quichotte et Sancho.
75.—Le Chariot.

DUPRÉ (Jules).

76.—Intérieur de Ferme.
77.—Paysage.
78.—Coucher de soleil.
79.—La Mare.
80.—La Rivière.
81.—La lande.
82.—Soleil couchant.
83.—La Vanne.

HENRY (Robert).

84.—Cheval blanc.

FRÈRE.

85.—Coucher de soleil.

GÉRICAULT.

86.—Le Four à plâtre.
87.—Cheval espagnol.
88.—Cheval mort.
89.—Écurie de cinq chevaux.
90.—Cheval turc.
91.—Le Derviche (Étude de cheval).
92.—Léda (Esquisse).

GUDIN.

93.—Plage (Soleil couchant).
94.—Orage et coup de vent.
95.—Marine.
96.—Soleil levant.
97.—Petite marine.
98.—Effet d'orage.

GROELAND.

99.—Fleurs et Fruits.

HOGUET.

100.—Forêt.
101.—Intérieur de cuisine.
102.—Entrée du port de Calais.
103.—Bateau pêcheur à la cape.
104.—Le Moulin.
105.—Port de Paris.

ISABEY (Eugène).

106.—Petite marine.
107.—Bords de la mer (Combat).
108.—Plusieurs bâtiments mouillés dans un port.
109.—Bâtiments en pleine mer.
110.—Campement Arabe.

JADIN.

111.—Nature morte.
112.—Nature morte.

SAINT JEAN.

113.—Vase de fleurs.

MEISSONNIER.

114.—Corps de garde.

MILLET.

115.—Les Captives de l'amour.
116.—Étude de femme.

ROQUEPLAN.

117.—Coucher de soleil (Vue de Paris).
118.—Coucher du soleil.

ROUSSEAU (Philippe).

119.—Soleil couchant d'hiver.
120.—Nature morte.

ROUSSEAU (Théodore).

121.—Des Vaches buvant dans une mare.
122.—La rivière.
123.—L'allée de Châtaigniers.
124.—Vue des Pyrénées.

SCHAYER (J.-W.)

125.—Cheval dans l'écurie.
126.—Vache dans une basse-cour.

SCHOTTEL.

127.—Marine.

INCONNUS.

128.—Jeune Calabrais avec son chien.
129.—Brigand Calabrais.

DESSINS ET AQUARELLES.

ALKEN.

130.— Chasse au Renard.
131.—Chasse au Renard.

132.—Chasse au Renard.
133.—Chasse au Renard.

BEAUMONT (Édouard de).

134.—L'Orgueil
135.—L'Avarice.
136.—Jeune fille.
137.—Jeune fille.
138.—Jeune mère.

BONNINGTON.

139.—Odalisque aux Palmiers.

BOUCHER.

140.—Portrait de femme.
141.—Portrait de femme.
142.—Portrait de jeune fille.
143.—Deux femmes et des Amours.

CHARLET.

144.—Guerriers.
145.—Corps de garde.

CLESSINGER.

146.—Intérieur de forêt.

DECAMPS.

147.—Les Singes et les Lapins.

148.—Intérieur de forêt.
149.—Chasseurs.
150.—Les baigneuses.
151.—Le Héron.
152.—Les Loups et les Bergers.
153.—Le Garde-chasse.
154.—Paysage montagneux.

DE DREUX-DORCY.

155.—Téte de jeune fille (Pastel).
156.—Téte de jeune fille (Pastel).
157.—Téte de jeune fille (Pastel).

DIAZ.

158.—Procession de moines.

ENFANTIN.

159.—Paysage.

FIELDING.

160.—Coq-Faisan.

GALLAIS.

161.—Braconnier et son chien.

GAVARNI.

162.—Conversation des Baguettes.
163.—Chapeau de Paille.

HAUTIER.

164.—Seigneur (costume Louis XIII).

HOSTEIN.

165.—Marine.

HAUDEBOURG-LESCOT.

166.—Jeune fille au confessionnal.

ISABEY (Eugène).

167.—Paysage.
168.—Architecture.

LEBEAU.

169.—Marine.
170.—Port de mer.

LÉPAULLE.

171.—Maison de Pêcheur.

LEPOITEVIN.

172.—Homme assis, femme lisant.

LESSORE (Émile).

173.—Turcs jouant aux échecs.

PIGALE.

174.—La lecture du Journal.

PROUT.

175.—Vue de Venise.
176.—Chapelle gothique.

RAMELET.

177.—Paysans.

ROQUEPLAN.

178.—Femme, enfant et hommes.
179.—Une Plage.

SAINT.

180.—Portrait de femme, costume du temps du Directoire. (Miniature)

SCHEFFER.

181.—Sœur de charité.

VIDAL.

182.—La Curieuse.
183.—La Marguerite.
184.—Le nid aux Secrets.
185.—Arabelle.
186.—La Quêteuse.
187.—Noémi.
188.—La Méditation.
189. — Les Castagnettes.